AF250782

# Impressions d'Indochine

DE

JAFE

PARIS

IMPRIMERIE V. POLGAR

33, RUE LACÉPÈDE, 33

1910

# Impressions d'Indochine

DE

## JAFE

PARIS

IMPRIMERIE V. POLGAR

33, Rue Lacépède, 33

1910

# I. — France et Indochine.
## Les courriers.

C'est toujours avec anxiété que chacun attend le courrier qui semble ne pas suivre le progrès. Les Tonkinois peuvent espérer quelque jour leur correspondance avancée si elle suit la voie transsibérienne, mais les Cochinchinois n'ont que l'espoir d'une ligne transindienne qui, par le Siam, leur donnera une avance de quelques jours, bien qu'il fût depuis longtemps possible de diminuer le trajet par un transbordement à travers l'isthme de Kra. Deux jours seraient gagnés, le service pourrait être assuré par le service annexe de la ligne du Tonkin qu'il serait facile de prolonger jusqu'à la côte malaise sur le golfe de Siam, mais c'est causer un préjudice au port de Singapour et l'on préfère conserver le statu quo plutôt que de provoquer une entente internationale qui, si elle n'amenait pas le percement de l'isthme, provoquerait la contruction d'une route de 50 km. reliant le golfe au détroit.

Si l'on redoute les complications internationales pour les états malais, on pourrait du moins accélérer le débarquement en Indochine. Hélas! il n'en est rien.

Lorsque le courrier arrive en vue du Cap St-Jacques, il lui faut attendre la marée pour remonter la rivière de Saïgon.

Il en est de même pour l'annexe qui fait le service du Tonkin, lorsqu'il arrive à Hondau près Doson pour se rendre à Haïphong. Cependant il y a des routes avec service d'automobiles entre ces deux points de la côte et les deux grands ports. Il y a également des bureaux de poste. Il serait donc très simple d'envoyer des voitures automobiles qui emporteraient le courrier après débarquement sur la côte. Le Cap Saint-Jacques et Doson sont des postes de convalescence, disposent chacun d'un docteur : les prescriptions sanitaires pourraient donc être observées au débarquement, et

Saïgon d'une part, Haïphong et Hanoï de l'autre, y ga-
gneraient une avance de plusieurs heures. Si le courrier
est en vue à midi, il ne parvient que dans la soirée au
port ; les employés de la poste font le dépouillement
très tard, au milieu d'un air surchauffé. Si c'est le soir,
l'arrivée au port s'effectue de nuit et le dépouillement
a lieu le lendemain matin.

Puisque nous touchons à la navigation, qu'on nous
permette de signaler quelques défectuosités auxquelles il
est facile de remédier : d'abord l'organisation d'un service de police à quai, empêchant les indigènes de se
ruer sur les navires à l'arrivée et profiter de la cohue
pour voler, ensuite réduire la tarification des coolies
indigènes pour les bagages — afficher sur les courriers
ou cargos des conseils de prévoyance aux voyageurs ;
enfin communiquer à la presse les mouvements de ports
dans les diverses escales. Nous ne doutons pas que le
sympathique édile de Haïphong et de Saïgon, M.
Maurice, fasse aboutir ces réformes.

## II. — Les capitales.

### Saïgon. — La vie chère.

La capitale du sud de l'Indochine, surnommée la
Perle de l'Orient, est certes une jolie ville remplie d'at-
tractions, mais la vie y est coûteuse. De grands travaux
doivent être entrepris : l'édification d'un grand marché,
de la gare terminus du transindochinois, du boulevard
de Saïgon à Cholon, malheureusement il faut toujours
compter avec les Travaux Publics qui dépensent beaucoup d'argent un peu au hasard.

La voie en renom est la rue Catinat, c'est là qu'on
va par désœuvrement : marins et militaires, voyageurs
et fonctionnaires y croisent les indigènes ; on admire
les étalages, bien qu'au nouvel an on éprouve quelque
surprise à voir dans des magasins français des horreurs
d'outre-Rhin dénommées poupées qui ne trouvent plus
pour acheteurs que de rares notables indigènes, désireux
de faire une gracieuseté aux enfants de leurs supérieurs.

De préférence aux magasins français on ira chez
les Chinois, en raison d'une légère réduction, acheter
des articles que ces mêmes Chinois cèdent à meilleur

compte dans leurs succursales des autres rues. Si on tient absolument au bon marché, on a sous la main les échoppes des Malabars où l'on trouve mercerie, papeterie, articles de bazar. Les cafés sont nombreux et les prix élevés, on a une prédilection pour les boissons chères, on préfère le *tansan* (eau minérale du Japon) à l'eau de Vichy, le whisky soda Singapour à l'apéritif français ; c'est plus chic de payer 1 fr. 50 une consommation que 0 fr. 75.

On a musique, tziganes, cinématographes, au besoin des chanteuses, seulement on abuse des quêtes ; à force d'insister, ces dames ne finiront qu'à avoir pour auditeurs les sous-officiers ; le bon public aimera mieux aller au Continental, où les prix des consommations ne sont pas plus élevés. Bien que depuis 50 ans sous notre domination, Saïgon est encore à attendre un entrepôt ou hangar couvert pour les marchandises débarquées des Chargeurs Réunis qui, à quai, reçoivent de fortes ondées.

Le hall de vérification des douanes semble être un hangar provisoire. Pour ne pas nuire aux intérêts de propriétaires de pousse-pousse, on retarde l'exécution d'un réseau de tramways, il faut se contenter de 2 lignes. Espérons que le projet de M. Herminier sera bientôt réalisé et qu'au point de vue locomotion Saïgon sera à l'instar d'Hanoï, qu'on n'aura plus à payer en pousse le triple du prix des tramways. Dès que l'on se trouve en compagnie, prendre une voiture à chevaux est plus économique. Il y a beaucoup d'automobiles, trois aéroplanes, deux kiosques à journaux, mais un seul urinoir. Les cinémas, le casino sont à la portée de toutes les bourses, la musique militaire 5 fois par semaine, voilà de nombreuses distractions.

Les édiles saïgonnais ont pris grand soin de l'hygiène, en faisant afficher des placards pour les mesures sanitaires à prendre dans les cas d'épidémie, peut-être y aurait-il lieu de leur demander d'exiger de leur afficheur indigène de faire mieux son travail en disséminant mieux ces avis.

On a dit que Paris était l'enfer des chevaux (avant les automobiles), Saïgon est l'enfer des chiens. C'est surtout ceux des Européens qui ont à redouter la police : à 7 h. du matin ou à 6 h. du soir un agent indigène les cueille avec un appareil, sorte de lasso à manche. En route pour la fourrière, en revanche les chiens annamites profitent du protectorat, sans doute parce que leurs propriétaires ne se soucieraient guère de payer la prime.

C'est à Khanh hoï que les vapeurs des Messageries Maritimes accostent ; il y a un an, le pont tournant reliant ce quartier à Saïgon n'était ouvert que 2 ou 4 heures par jour, depuis il y a eu un progrès sensible. Il reste ouvert 15 heures, évitant un grand détour.

De grands travaux ont été entrepris à Khanh hoï. Prévoyant une recrudescence du mouvement commercial, on a édifié à grands frais des quais pour l'accostage des navires étrangers, sur plusieurs kilomètres en rivière on rencontre des bouées d'amarrages, mais il est fort possible que ce soient des fonds engloutis ; les tarifs exagérés des sampaniers qui vont des bateaux à la ville, les droits élevés de pilotage font déserter Saïgon.

Les pilotes gagnent de 20 à 25.000 francs par an, ils peuvent céder leur place à un élève pilote qui leur assure une rente de 3.500 francs.

Voilà ceux qui peuvent mener une vie large.

Mais actuellement un canal de dérivation permet aux marchandises destinées à Cholon d'être débarquées au Nhabé et conduites par voie ferrée ou par jonques, autant de mouvement enlevé à Saïgon.

Les navires étrangers peuvent aller à Phnom penh, ils iront à Phan Tiêt, à Phanrang, à Tourane et n'auront qu'à acquitter de faibles redevances. Contre cela que peut faire le commerce saïgonnais ? Créer des débouchés dans l'intérieur.

Il y aura tout intérêt à voir la vie réduite à des conditions normales ; moins de dettes, moins de scandales, moins d'argent aux chettys, malabars qui possèdent un tiers des immeubles.

Les fêtes resteront pour se procurer des plaisirs, mais il y a les lendemains, il faut regagner le temps perdu des congés, le travail s'est accumulé.

Les casernes seraient mieux dans un quartier spécial, permettant à la population civile de rester dans Saïgon même.

N'y aurait-il pas, au contraire, plus d'intérêt à voir l'armée centralisée à Xomchieu, que des tramways, soient installés de Saïgon vers le Nhabé et qu'on cesse de voir l'insécurité après 10 h.

Les travaux ne manquent pas à Saïgon, les loyers sont chers, les propriétaires reçoivent d'une main, ils pourraient l'ouvrir de l'autre pour achever leurs trottoirs, ils donneraient l'exemple aux Travaux publics qui laissent le Palais de Justice entouré d'une ceinture de gazon.

### Haïphong et Hanoï.

Le port de *Haïphong* étant l'avant-garde de la capitale du nord, on ne saurait négliger d'en parler. Cette ville dont la population approche de 20.000 habitants dont 1.200 français est dotée de grands entrepôts ou docks qui sont reliés à la voie ferrée. Des rues larges, un quartier de France avec des rues de Paris, de Lyon, de Marseille, etc. évoquent le souvenir de la mère-patrie.

La race tonkinoise est plus courageuse que la cochinchinoise, dans les villes, du moins, il est intéressant de voir avec quelle adresse les conga'ies font le déchargement des caisses.

Un service d'automobiles relie Haïphong à Doson, charmante plage adossée à de verdoyantes collines. Ces 21 km. rapidement franchis permettent aux haïphonnais de passer un agréable dimanche. Qu'un tramway soit substitué et ce serait une agréable excursion par les chaudes soirées.

Le Lach Tray est également un lieu d'excursion plus rapproché : 4 km.

Le spectacle le plus intéressant est la visite des rochers de la baie d'Along, mais le prix du voyage est trop élevé.

*Hanoï,* la nouvelle capitale, est composée des vieux quartiers et de la ville neuve avec de splendides constructions, des tramways électriques, il paraîtra utile d'indiquer les caractères généraux qui la différencient de Saïgon. Point de chettys changeurs, ils sont remplacés par les hommes noirs de la Mission, qui possèdent plus d'un quart des immeubles.

La vie française, en ce qui concerne l'alimentation, est moins chère que dans la capitale cochinchinoise, bien que toutes les denrées métropolitaines y aient déjà passé, qu'elles aient transbordé et continué via Haïphong.

Pas de garçons de café chinois ; les domestiques tonkinois seraient-ils plus honnêtes ? Point d'indiens, sauf quelques gardiens de magasins, poste confiés à Saïgon à des Arabes.

Moins de coolies pousse-pousse ; comme à Saïgon ils ont le défaut de ne pas savoir lire et c'est inutile de leur donner le nom d'une rue. Les voies ferrées ouvertes permettent l'approvisionnement en fruits frais, en langoustes, en poissons.

Pour rappeler la Normandie, on a créé des trains de plaisir à la mer, voire le train des maris, mais au lieu d'aller à Doson, fi ! c'est bon pour les haïphonnais ; 123 km. c'est insuffisant, il vaut mieux en faire moitié en plus et aller à Samson, plage à proximité de Thanhhoa.

C'est à M. Doumer que l'on doit le transfert dans Hanoï de tous les services généraux ; il en résulte la fâcheuse situation que les communications officielles de France viennent par le courrier en 31 jours au lieu de 25 à Saïgon ; si elles doivent retourner dans cette dernière ville, c'est le retard d'un courrier et la durée du trajet.

Une autre anomalie est le transport direct de France au transit militaire à Haïphong de tous les colis pour fonctionnaires, même quand ils sont au Cambodge, en Cochinchine.

Le nom de M. Doumer a été glorifié par l'attribution au pont du chemin de fer de Hanoï, 1.800 mètres, y compris les terrassements, mais ceux-ci ne sont guère solides, après les pluies le terrain glisse et chaque année il faut consolider ce grand ouvrage.

## III. — Les populations indigènes.

## Nos relations avec elles.

Il n'y a pas eu de besoin de force armée pour faire pénétrer l'idée française dans les masses indigènes. Reçoit-on dans un village une ordonnance relative à l'hygiène, on la commente, on s'y soumet. Il y a peu de temps on pouvait voir sur les routes des gens qui en foule entouraient les écoles. Etait-ce pour manifester ? Pas du tout, hommes, femmes et enfants venaient se faire vacciner par le médecin français. C'est par ce dernier qu'on peut connaître la mentalité indigène, son stock de pharmacie s'épuise rapidement : teinture d'iode, quinine, eau phéniquée, acide borique filent comme par enchantement.

L'administration des Douanes et Régies n'a pas lésiné pour approvisionner ses postes de fournitures thérapeutiques, mais en raison de l'esprit des circulaires, c'est à l'usage du poste, et le receveur doit agir avec circonspection lorsqu'un indigène se présente pour un secours médical : s'il l'octroie, un rapport anonyme d'un de ses agents indigènes viendra le dénoncer comme concussionnaire ; le malade s'adressera donc le plus souvent à cet agent, qui après avoir demandé le médicament à son chef, en fera la cession à titre onéreux.

Les gens fortunés des villes usent parfois de l'alcool de menthe, mais dans l'intérieur, c'est encore l'essence de menthe chinoise en minuscules flacons, débités à cinquante cents (1 fr. 25), qui sert de remède.

Moralement les cinémas, très goûtés du public local, nous ont fait connaître sous un jour bien différent de celui que les Missions exposent dans leurs manuels de conversation d'édition récente, où on peut lire que le représentant de l'église de Rome est venu sans esprit de retour dans sa famille pour se consacrer avec la grâce de Dieu à sauver les âmes des indigènes. Notre esprit de famille ainsi révélé par l'image leur fait comprendre la fausseté de la conception des religieuses, qui déclarent que l'enfant mourant *baptisé,* est un petit ange qui va au ciel.

Il a fallu la création de la maternité laïque de Cholon — malheureusement trop encombrée d'infirmières indigènes à scapulaires — pour que la mortalité infantile tombât à 50 p. %, alors qu'elle était de 95 p. % à la Sainte Enfance.

Cette mentalité religieuse n'est pas préjudiciable à l'Indochine seule, puisque récemment en Amérique 300 enfants mouraient dans deux hôpitaux similaires et peut-être les ravages de la mort dans les mêmes conditions peuvent-ils être constatés en France. C'est surtout comme l'a écrit M. le Professeur Bordas en sauvant les enfants que le péril de natalité insuffisante sera atténué.

Beaucoup de races de langues différentes occupent l'Indochine, des Cambodgiens au Nord et à l'Ouest de la Cochinchine, des Malais à Chaudoc et au Cambodge, des Mois, des Muongs, des Khas en Annam, des Thais, Mans, Muongs au Tonkin, etc. On s'est basé à tort sur la généralisation annamite. Il s'est produit ce fait bizarre, dénoncé au Conseil de guerre au début de l'année, que la théorie étant faite en annamite, nombre de Cambodgiens de Cochinchine incorporés n'y comprenaient rien, ce qui suggérait à l'auteur de l'article signalé dans la *Dépêche de Saïgon,* l'idée de faire apprendre l'Esperanto à tous les tirailleurs. Voilà du modernisme qui ne serait pas sans nuire à l'annamite unifié *(par l'écriture)* de l'église indochinoise.

## IV. — Les fonctionnaires.

## La vie européenne.

Fonctionnaire aux colonies, voilà une situation rêvée lorsque l'on est en France. Hélas ! en Indochine il faut déchanter, et si les administrateurs ou résidents, chefs de province ont le bien-être de par leur solde, toutes sortes de commodités : automobiles, canots à vapeur et chaloupes personnelles, avantages multiples du côté de la population indigène, ils n'en ont pas moins un labeur très chargé. On se plaint de la paperasse bureaucratique en France, combien de fois est-elle surpassée en Indochine, et s'il fallait exiger des communes de la Métropole la production des documents et rapports quasi hebdomadaires, il est probable que bien des conseils municipaux manqueraient de bras. Une délégation du village se rend plusieurs fois par mois chez le chef de canton ; on inspecte les registres multiples ; à son tour le chef de canton se rend au chef-lieu de la province, donne à l'Inspection ou résidence le rapport qu'il a dressé avec l'aide de son secrétaire ; les délégués municipaux sont également tenus de se rendre de temps à autre au chef-lieu de la province pour voir le chef ou son représentant, l'indemnité est légère, aussi chacun souhaite-t-il ardemment le développement de moyens de transport à bon marché.

Dans les provinces cambodgiennes de Cochinchine, en raison des deux langues, le travail est accru.

Mais si l'on descend l'échelle administrative, on y

voit que. pour tous les degrés la somme de travail est inconcevable : échange et communication de circulaires, de notes administratives remaniées tous les 6 mois.

Il faut justifier de son travail par un emploi du temps mensuel, très détaillé. Quant aux indemnités, elles sont légendaires, et par contre la vie n'a cessé d'enchérir.

Les seuls qui puissent se prétendre heureux sont les géomètres qui peuvent trouver quelque prétexte à prolonger, élargir leurs tournées ; on n'en pourrait dire autant des docteurs médecins provinciaux, bien rétribués, il est vrai, mais qui ne sauraient être longtemps absents du chef-lieu, lorsqu'ils sont appelés dans l'intérieur auprès d'un malade.

La carrière la plus ingrate est bien celle des Douanes et Régies ; le temps n'est plus des belles prises alléchantes, de fructueux procès-verbaux de contrebande, grâce auxquels le Tonkin a été pressuré.

L'avancement se fait moitié au choix, moitié à l'ancienneté.

Fréquenter les grands salons, tout en faisant rendre par tous les moyens le plus d'argent possible, quitte à soulever la province, savoir surtout présenter les chiffres d'après les procédés doumériens, voilà la condition essentielle, et lorsque le remplaçant n'a pas le même talent dans la science de gonfler son budget, c'est au premier que vont sans peine honneurs et décorations.

Donc jusqu'en 1909, deux administrations rivales : l'Etat, les Régies. Certes celle de l'Etat a laissé et laisse souvent à désirer, et bien des administrateurs et résidents dégommés en 1909, sont loin d'avoir l'âme bien blanche. Il est à souhaiter que le coup de balai continue ; néanmoins il est fort regrettable de voir en rivalité deux administrations, alors que tous les Français devraient s'entendre pour maintenir, élargir notre suprématie morale.

Les Régies ont objecté, avec raison, que du fait de l'autorité directe de l'administrateur ou résident, la répression de contrebande ne pourrait plus s'exercer, car dès que ce dernier serait saisi d'un avis de perquisition, l'entourage indigène ne manquerait pas d'en tirer profit en prévenant les délinquants. Moins de procès-verbaux infructueux, de poursuites contre inconnu, d'encombrement inutile des tribunaux, voilà le résultat ; il pourrait y avoir une légitime compensation de la part du chef de la province, qui à la première alerte enverrait des miliciens prêter main forte aux agents des régies ; on aurait moins d'assassinats d'Européens, moins de rébellions, mais aussi les parts de prise seraient d'autant réduites. Comment vivre dans une administration où, comme dans les Finances en France, la devise se résume ainsi : « On vous paie peu, c'est à vous d'augmenter votre traitement par des procès-verbaux : vous trouvez de l'alcool à 38° au lieu de 40 ?, verbalisez ! Vous recueillez dans un champ des débris d'appareils et matières à distillation d'alcool ? verbalisez ! »

On pourrait supposer que des atténuations dans la vie intérieure se produisent, que, si l'administration est soucieuse de récupérer des impôts, elle donne à ses agents un personnel indigène consciencieux. Erreur absolue. Certains indigènes placés en haut lieu ont assez d'influence pour faire caser leurs créatures ; il n'est pas un receveur qui n'ait plus d'une fois été prévenu par un employé indigène d'une mutation dont l'avis ne lui parvenait que quelques jours après. Veut-on faire déplacer l'un de ces messieurs, on répond qu'il faut éviter des frais. Force est donc de laisser secrétaires, interprètes, plantons, vendre les secrets qu'ils peuvent saisir sur les enquêtes confidentielles pour l'étude de nouvelles taxes ou la modification d'anciennes.

Connaissant mieux leurs droits que leurs devoirs, les employés indigènes subalternes refuseront d'effectuer tout travail accessoire non rétribué et bien des fonctionnaires de l'intérieur voudraient voir créer au cheflieu de province des ateliers où leur linge serait répassé, blanchi, au lieu d'être saboté chez eux.

Il est nécessaire de parler d'une pseudo-réforme des plus dangereuses ; désormais le receveur devra donner l'instruction militaire à ses agents indigènes : exercices de tir au fusil, au revolver ; cela fera un rapport mensuel de plus à fournir, mais cela permettra aux indigènes de mettre en réserve des cartouches ; l'agent de service célibataire, commis ou préposé fera bien d'emporter son arsenal : fusil Lebel, carabine, revolver, lorsqu'il ira en tournée, autrement il risquerait fort de voir l'une de ces armes aller rejoindre les munitions subtilisées ; blâmes et réprimandes ne seraient que pour lui.

Le gérant de distillerie n'est pas plus heureux ; des règlements sévères lui interdisent de s'asseoir à la table du distillateur ou de l'entrepositaire. Il est facile de juger de l'agrément dont peut jouir dans cette situation un jeune ménage de préposés des Régies.

Un fonctionnaire ne saurait être propriétaire dans sa province, toutefois le il peut dans une autre.

. On ne saurait en vain critiquer un état de choses sans essayer d'y apporter quelque remède ; c'est vers ce but qu'il y a lieu de se tourner et après avoir exposé les conséquences des réformes fiscales, il faut tâcher de voir quelle solution peut sembler le meilleur palliatif.

La réforme du personnel employé dans les Régies de l'alcool, du sel, la suppression du monopole de la Compagnie Générale du Tonkin et Nord Annam, laisseront sans emploi nombre de personnes. Quelques-unes, certes, ne doivent guère solliciter l'attention du gouvernement. Les inspecteurs du fermier général sont pour la plupart des fonctionnaires retraités à qui ce supplément permet d'entretenir la vie large si vantée ; mais il faudra des places pour les autres, et tous les services sont encombrés.

Un excellent moyen, qui conserverait en pays français la richesse nationale, serait l'établissement de la *régie directe des marchés*. Actuellement les redevances sont perçues d'une façon arbitraire ; l'indigène ne connait pas les droits ; à force d'être pressuré il déserte le marché dont les revenus passent entre les mains d'étrangers : les Malabars (indiens anglais) en Cochinchine, les Chinois en Annam et au Tonkin.

Le contribuable, en Indochine comme en France, se soumet volontiers aux taxes et règlements, mais s'insurge contre l'arbitraire, les amendes hors de proportion. Les marchés sont nombreux et bien peu de fonctionnaires atteints par la réforme resteraient inactifs.

L'extension des lignes ferrées appelle la création de postes de chefs de gares ; il serait à désirer que dans chaque chef-lieu de province, le titulaire fut un Français et non un indigène, qui serait mieux dans une gare secondaire.

En créant dans chaque station un bureau postal, on trouverait à occuper quantité d'indigènes ou de métis. Si le service des mandats fonctionne mal, c'est qu'il ne s'étend qu'aux villes et qu'à défaut de service bien organisé, pour éviter d'aller au chef-lieu de province ou de district, indigènes et Chinois confient leurs fonds à des intermédiaires quand l'occasion se trouve.

Qu'on supprime, le plus possible, de paperasserie inutile et le fonctionnaire, cessant d'être la terreur des indigènes, pourra avoir quelques loisirs lui permettant de faire des recherches scientifiques, de s'occuper de coloniser, il pourra dans ce cas se contenter de sa solde, sans préoccupation d'accessoires.

On se plaint du trop grand nombre de fonctionnaires en Indochine ; que sera-ce lorsque le nombre en sera accru par le trop plein de la Métropole.

Que l'on supprime une grande partie des sous-préfets, des juges d'arrondissement, il faudra des débouchés et certes l'Indochine, principalement les larges régions de l'Annam et du Laos en recevront leur bonne part.

Par une sage mesure on a accordé aux veuves de colons ou de fonctionnaires des places dans les postes, télégraphes, téléphones, douanes, mais on a oublié de conseiller aux familles la prévoyance, et trop grand est le nombre de jeunes filles qui attendront en vain un époux. Elles devront cette situation à l'espoir, souvent chimérique, de leur mère, d'escompter pour elles un candidat apportant la forte dot.

Le mal n'est pas spécial à la colonie, mais il a quelque atténuation dans la métropole, où le célibataire peut réussir en faisant valoir les avantages de sa situation coloniale.

Ce qu'il faut obtenir, c'est l'éducation pratique de la famille du fonctionnaire, le développement de l'initiative, la culture des goûts simples, la diminution du personnel indigène corrompu et malfaisant, la mise à l'écart de tout domestique mâle dans les ménages où se trouvent des jeunes filles, car le boy essayera trop souvent d'en abuser, non tant par amour propre que par l'espoir de pouvoir soutirer l'argent nécessaire à satisfaire ses passions de luxe et de jeu.

Dans tous les milieux administratifs ou privés les cas ne sont pas rares, de voir de jeunes Européennes séduites par ces ignobles individus. Le mal pouvait être évité en réduisant le personnel à une bonne et une cuisinière ; mais il est de bon ton d'avoir des domestiques mâles arrogants, lustrés, élégants, cela pose.

Le saïs (cocher) aux gages de 20 piastres (50 fr.) par mois, a sa livrée ; souvent il donne l'illusion d'un singe échappé d'un cirque.

## V. — L'armée.

Chaque courrier du Tonkin apporte en France la nouvelle d'un combat meurtrier et on déplore, dans la métropole, que le contingent militaire soit si restreint.

C'est une erreur profonde qu'il est nécessaire de dissiper. Les soldats ne manquent pas, mais on ne sait pas les utiliser. Au lieu de mettre à profit les voies ferrées, en plaçant à chaque station un détachement qui pourrait être choisi selon les aptitudes des hommes et former en temps de paix des colonies industrielles ou agricoles qui éclaireraient les indigènes, on préfère les laisser inoccupés dans les villes.

Les soldats honnêtes s'ennuient, tuent le temps en se promenant, en fréquentant les débits chinois ; les débrouillards trouvent un emploi dans le commerce leur procurant des suppléments pour leurs plaisirs, mais laissant de nombreux employés sans ouvrage ; quant aux autres, apaches ou nervis de Marseille et d'Ajaccio, ils forment des syndicats d'exploitation des jaunes ; on voit souvent à Saigon des rixes, des assassinats pour des congaïes, des militaires rôdant sans permission à des heures tardives ; un parent d'une congaïe fait le guet au moment où passe la patrouille, et le tour est joué.

Certains se font tenanciers de débits des dames blanches ; d'autres font la correspondance amoureuse des mous'mées.

Les autorités militaires savent cela, mais ne peuvent réagir, faute de l'appui de la magistrature.

Il est probable que ces militaires ne demanderaient pas mieux qu'à marcher, *se faire crever la peau,* mais il y a des intérêts supérieurs, des officiers et sous-officiers embusqués, surtout dans les travaux publics, leur présence ne fait que retarder l'avancement de leurs collègues civils.

Placés dans des postes, où à la moindre alerte ils

pourraient rejoindre les grandes villes, ils aideraient à la colonisation en temps de paix.

Leurs élèves, les tirailleurs, sont à bonne école, semant l'épouvante dans les villages lorsqu'ils vont en permission ; ceux qui libérés s'emploient comme boys gangrènent la masse indigène, conservent et développent les instincts de chapardage. Ces tirailleurs devraient être utilisés pour des travaux, le blanchissage, par exemple, qui se fait en ville.

Une loi récente vient de décréter que les repris de justice seraient exclus de l'armée métropolitaine ; il est à souhaiter qu'on ne les verse pas dans la coloniale, et puisqu'on admet qu'un jeune homme puisse s'engager à 18 ans, pourquoi ne pas généraliser pour l'appel. A 21 ans chacun jouirait librement de ses droits civils.

Le militaire libéré trouverait plus facilement une place dans le commerce et l'industrie. Ce serait une économie pour l'Etat, qui n'aurait plus à donner de secours de famille.

On entendrait moins de jeunes filles libres dire : « mon fiancé est soldat. »

Le jour où le soldat serait redevenu citoyen à 21 ans, on n'aurait plus d'objection à laisser la liberté du vote aux rengagés et aux officiers.

Quant aux réformés, ils pourraient être auxiliaires dans les services de l'Etat.

## VI. — La colonisation.

### 1. Vues générales.

Si la colonisation est lente, il faut reconnaître qu'elle marche d'autant mieux que le pays est nouveau et les rouages administratifs moins compliqués. Si en Afrique la Tunisie progresse mieux que l'Algérie, en Indochine le Tonkin qui dépasse la Cochinchine sera devancé par l'Annam, lorsque cette région sera reliée entièrement aux deux autres par un ruban de fer ; sur la rive française du Mékong on verra surgir de grandes villes loatiennes lorsque l'écoulement des richesses minières ou forestières sera possible. En Annam c'est surtout dans les régions de Phu Yên et de Binh dinh (Quinhone) que l'agriculture rapportera le plus. On peut remarquer que c'est dans les zones sous l'influence des Missions que le sol est le plus fertile, mais comme en religion il ne faut pas chercher à approfondir, il est encore des régions montagneuses à sonder c'est, aux sociétés minières qu'incombera ce soin.

Deux grands fléaux sont préjudiciables à l'agriculture : les rats et les fourmis. Pour le premier, le gouvernement fait donner des primes à la destruction ; le second sera bien enrayé lorsqu'on obligera les indigènes à procéder au chaulage des arbres fruitiers, à détruire les nids de fourmis rouges, à appliquer les ordonnances préfectorales de la métropole. Les indigènes s'y soumettront aussi volontiers qu'au chaulage de leurs maisons, mesure édictée depuis quelques années.

Le gouvernement a pris plusieurs mesures destinées à faciliter la colonisation, il a autorisé des fonctionnaires à prendre des congés, sans soldes, pour servir dans l'industrie et le commerce ; des militaires ont obtenu des congés mais le plus souvent s'en servent en ville au préjudice des sans-travail. On ne voit guère les services qu'ils peuvent rendre comme coiffeurs, quand on voit maintenir des tarifs si élevés que les établissements gérés par des indigènes prennent 60 cents (1 fr. 50) pour taille et barbe. C'est devenu une profession de luxe à la portée des grosses bourses qui font faire le travail à domicile, on est surpris que les Japonais ne soient pas encore venus faire la concurrence dans cet art.

Celui qui ne veut pas grever son budget, s'en tire par l'acquisition d'un rasoir et d'une tondeuse. En 6 mois il a regagné ses frais et n'a pas été rasé par des offres d'articles divers de parfumerie.

Le gouvernement donne également des primes à la connaissance des langues du pays, toutefois les militaires, simples soldats sont dans une situation bien inférieure et c'est à ceux-là, les travailleurs, que pourrait aller la sollicitude officielle sinon en leur accordant la prime intégrale, du moins en compensant l'écart par l'octroi d'une petite concession, où avec leur compagne indigène ils créeraient une famille.

On aurait aussi grand avantage à voir le colon protégé vis-à-vis de la femme qu'il prend à son service

2. **Le péril indien.**

La France, malgré ceux qui se plaignent de la dépopulation, n'est pas seule à souffrir d'un excédent de citoyens sans emploi, dont le nombre va sans cesse grandissant avec le progrès de la mécanique dans l'industrie ; si les enfants de colons, français ou métis, réussissent à se créer une propriété sur le sol colonial, il n'en est pas de même des natifs de l'Inde française. Les cinq villes de cette colonie sont surpeuplées, avec l'instruction il faut des emplois. L'occasion a été perdue d'arrondir nos possessions lorsque l'Angleterre se faisait concéder par le Siam de vastes territoires pour la libre expansion de ses voies ferrées de la Malaisie au Yunnan. Les Hindous colonisaient autrefois la Réunion, mais celle-ci a déversé son trop plein sur Madagascar et la Cochinchine. Ils se sont rabattus sur cette dernière, on a dû les utiliser comme gardiens ou agents de police, leur présence n'a pas accru la sécurité locale.

Nombreux sont les enfants des familles hindoues en Cochinchine, et ce seront autant d'emplois à créer. Le transfert des manufactures de tissus en utiliserait quelques-uns.

## VII. — L'Enseignement.

Des sommes énormes furent autrefois dépensées par le Gouvernement en subventions aux Missions étrangères pour l'instruction des enfants, mais les éducateurs préférèrent enseigner le latin, la langue sacrée qui, prononcée par un indigène, serait peu comprise par un étudiant français.

Avec la laïcisation, l'esprit moderne, on est entré dans une voie nouvelle. Pour les villes, on a créé les collèges Chasseloup-Laubat à Saïgon, et Paul-Bert à Hanoï, le collège de Mytho ; on a ouvert des écoles franco-annamites et depuis quelques années on a établi des écoles cantonales ayant un vaste programme : leçons de choses, étude de 400 mots français les plus courants, etc. Les instituteurs annamites ont pris à cœur leur tâche et les enfants des écoles sont élevés dans les sentiments de respect envers la société française et indigène.

En campagne, des notables envoient leurs filles à l'école cantonale ; dans les villes, on rencontre le matin de petites écolières annamites ou chinoises le carton de livres et cahiers à la main.

Dans deux ans nos administrations publiques n'auront que l'embarras du choix pour trouver un personnel indigène convenable, indépendant. Il faut espérer que l'on ne verra plus dans les bureaux ou les postes ces individus qui passent une bonne partie de leurs temps à rédiger des rapports secrets sur leurs chefs et à les adresser à de mystérieux correspondants puissamment soutenus par la Mission.

Le Tonkin a un établissement congréganiste à Hanoï, le collège Puginier ; on lit sur le programme que le savon figure dans les suppléments, ce qui laisserait supposer que les soins de propreté ne sont pas obligatoires.

La Cochinchine est dotée de l'Institution Taberd ; les négociants chinois qui ont été élevés dans cette maison lorsqu'elle était l'unique lieu d'enseignement, y envoient leurs enfants, mais lorsqu'ils feuillettent les manuels de lecture et d'éducation de Tours, d'un style très élevé, émaillé d'expressions littéraires, il ont quelque surprise à lire qu'*« à son réveil la pensée de l'enfant doit d'abord s'élever vers Dieu,* ensuite prier pour ses parents ».* On conçoit que les jeunes gens de 15 ans en possession de tels ouvrages prennent peu de considération de ces principes contraires à l'esprit chinois.

Aussi a-t-on édifié à Cholon un lycée franco-chinois, où les enfants vont pouvoir bénéficier d'une instruction et d'une éducation rationnelle.

Cholon, la ville chinoise, extension de Saïgon mais plus peuplée (150,000 hab.), est le foyer intellectuel, d'où rayonne la lumière du progrès sur la Chine ; elle possède une organisation merveilleuse pour ses travaux d'édilité. Les ressources, il est vrai, lui permettent de s'assurer le confortable.

L'un de ses conseillers chinois, M. Ly Dang, consacre chaque année plusieurs millions à l'entretien, à Canton, d'écoles des deux sexes, où les élèves sont habillés et instruits à l'européenne.

L'Indochine française n'est pas seule à témoigner de ce goût des Célestes pour l'instruction : à Singapore ils ont renoncé à certaines fêtes et en attribuent les fonds à des écoles. Le gouvernement français a ouvert en Indochine des établissements d'études professionnelles.

# VIII. — Le Commerce.

## 1. Importations et exportations. Colis postaux.

La statistique du mouvement commercial est établie d'après des données rigoureusement précises quant aux quantités, mais elle pêche par la base en ce qui concerne les valeurs d'après lesquelles elle est calculée, c'est-à-dire une mercuriale fantaisiste, où l'on voit par exemple que les cigares sont repris au nombre et non au poids qui cependant a servi à calculer les droits. Peu importe la qualité. 300 cigares de Manille pesant 2 kilogr. ne valent pas plus, en *statistique officielle* que 300 cigares de l'Inde ou de Singapour pesant 1 k. 500.

Les vins y sont classés d'après 4 catégories : Vins en fûts, en bouteilles, vins de liqueurs et vins mousseux.

Pour les tissus, quelques catégories : écru, blanchi, teint, façonné, glacé, etc., sans considération de la finesse de l'étoffe.

En revanche on se noie dans les catégories des sucres et on se demande pourquoi les valeurs changent selon que les marchandises sont venues à l'importation, à l'exportation ou au cabotage.

On appellera cela des indochinoiseries, à tort, car l'exemple vient de la Métropole et si l'on voulait un exemple, qu'on se figure un particulier important des articles de parfumerie ; s'il n'est pas au courant du langage douanier ou si un commissionnaire ne l'assiste pas, il court gros risques d'une contravention ; c'est d'ailleurs sur quoi se base l'administration fiscale en payant très peu son personnel et lui faisant miroiter des chances de suppléments par les procès-verbaux.

L'importation française s'est d'autant accrue que le mouvement des colis postaux s'est développé ; les Sociétés de St-Etienne, du Bon Marché, Potin, en expédient une grande quantité en Indochine, non seulement aux Européens, mais surtout aux indigènes, ce qui provoque de la part de certains négociants l'intention de voir prohiber ce genre d'importation, alors qu'il serait bien plus simple de créer dans chaque centre provincial un comptoir français concurrençant sans peine les établissements chinois et utilisant nombre de nos compatriotes sans travail.

Par contre l'expédition sur France de colis postaux est très faible, en raison des nombreuses formalités, car elle embrasse plusieurs administrations. Le mouvement s'accentuerait en avant si l'on généralisait la délivrance de certificats taxés.

En raison de l'évolution qui se produit en Indochine par suite de la pénétration des voies ferrées dans des régions où elles créent des débouchés nouveaux, mais aussi en retirent des ressources nouvelles, il est utile de présenter les modifications probables aux divers points de vue : commercial, industriel et agricole.

## 2. **Le commerce intérieur.**

C'est surtout pour l'alimentation qu'il est fait appel à la Métropole.

**Farine.** — La consommation de la farine sous forme de pain ou gâteaux s'est développée d'une manière incroyable, le passager débarquant à Saïgon verra dans toutes les rues des indigènes prendre le matin un café au lait ou un café noir avec la moitié d'un petit pain. Aux gares on voit des marchands annamites ou chinois vendant des petits pains et des gâteaux.

La majeure partie de la farine vient de France, bien que la Russie et surtout l'Amérique en importent ; la consommation serait plus grande si les droits étaient réduits.

**Lait.** — Grâce à la franchise dont jouissent les laits stérilisés assimilés aux laits frais, la Suisse et la Norvège suppléent à l'insuffisance des envois de Normandie. Les vaches indigènes donnent au plus 2 litres par jour.

**Beurre et fromages.** — Il est à prévoir que sous peu les beurres du Japon et d'Australie viendront rivaliser avec nos produits. Le delta du Tonkin, le Cambodge, produisent des fromages frais, en petite quantité, mais les provinces du Sud Annam, nouvellement ouvertes, vont apporter un nouveau contingent.

**Conserves et poissons.** — Le temps n'est plus où l'on avait seul recours aux produits français et, s'ils ne veulent être distancés par des sociétés étrangères, les industriels français feront bien d'installer des fabriques sur les côtes d'Annam. Les trains de marée amènent déjà les langoustes de Vinh à Hanoi ; les Japonais d'autre part veulent écouler les produits des Saghaliens, il y a donc urgence à ce que les producteurs français ne s'immobilisent pas.

**Sucres**. — L'Indochine est riche en canne à sucre, mais avec le désir de protéger notre commerce, aucune raffinerie ne s'est installée. Il en est résulté qu'avec le droit réduit de 6 francs par 100 kilogr., et l'insécurité des envois de Marseille par suite des grèves fréquentes, certains négociants achètent à Hongkong ou à Singapour.

**Café**. — Bien que l'Indochine produise du café d'excellente qualité, genres moka ou libéria, il est importé une très grande quantité de café du Brésil, de Java ou d'Arabie, qui doit acquitter 78 francs de droits par 100 kilogr.

**Pétrole**. — En attendant que des sources soient découvertes dans notre colonie, l'Amérique, la Russie et Sumatra l'approvisionnent.

### 3. **Industrie.**

Le jour où des sociétés se seront constituées pour mettre en valeur le sous-sol ignoré de notre domaine d'Extrême-Orient, il est à prévoir qu'un art nouveau, franco-annamite verra le jour ; nombreuses mais peu connues sont les carrières, mais combien inexploitées, surtout faute de capitaux. Celles de Tourane sont riches en marbre.

Les charbonnages de Hongay (Tonkin) par addition de 20 p. %, japonais, donnent d'excellentes briquettes.

Le Tonkin a des cimenteries prospères.

### 4. **Agriculture.**

De très grandes modifications viennent chaque jour se produire dans les cultures, et les voies ferrées traversant les brousses et forêts viennent y apporter le peuplement qui mettra à profit les ressources du sol. Le riz est centralisé par les Chinois et décortiqué dans des rizeries chinoises ou germaniques, c'est d'Allemagne que vient l'outillage nécessaire à ce travail. A noter toutefois la tentative faite par des notables indigènes de la province de Cantho pour y installer une rizerie.

Le maïs donne un grand rendement dans le voisinage du Yunnan.

Au Tonkin, quelques indigènes avaient essayé de fonder une manufacture de cigares et tabacs, leur entreprise entravée n'a abouti qu'à leur ruine.

On fume énormément en Indochine, le tabac indigène est mal préparé, celui de France étant insuffisant, c'est d'Algérie que vient le tabac que fument nos compatriotes et beaucoup d'indigènes ; la provenance algérienne est quelque peu fallacieuse, car une grande partie de la matière première vient d'Allemagne, en passant par Luxembourg.

La manufacture d'Hanoï a commencé à répandre ses produits et ce n'est pas sans avoir causé de grands déboires à ses promoteurs, entre autres MM. Lecacheux et Chaudey ; malheureusement elle manque d'écoulement en Cochinchine.

Le coton progresse, de nombreuses cotonnières sont en pleine activité.

Le caoutchouc donne d'excellents résultats et sera une source de richesses.

Les plantes aromatiques sont nombreuses : l'ylang-ylang, la citronnelle, sont amplement cultivées, mais reste à créer une usine pour en extraire les essences.

## 5. Le commerce étranger.

Si grâce à notre tarif douanier les marchandises françaises dominent sur les marchés d'Indochine, l'étranger fournit une belle part. Dans ce pays de joncs et rotins, c'est l'Autriche qui fournit les meubles en bois courbé, l'Allemagne les machines agricoles, l'aniline, beaucoup de quincaillerie ; ces deux derniers articles viennent le plus souvent via Hong-Kong, acquittant ainsi des droits bien supérieurs. L'Angleterre fournit quelques tissus de coton. La Chine, la plus grande importatrice, outre ses soieries, commence à introduire des articles manufacturés : tissus de chanvre et de laine, les fruits frais, oranges et mandarines ; les légumes frais jouissent encore de la franchise douanière, et en janvier c'est chaque jour un amoncellement de paniers et barils sur les quais de Saïgon. Le Japon importe des soieries, jadis il fournit au Tonkin pour plusieurs millions de bouteilles à alcool officiel.

Quant aux denrées alimentaires, outre le jambon et les conserves anglaises, les laits et chocolats suisses, les raisins secs et liqueurs d'Espagne, la grosse partie vient de Chine ; l'amour des Célestes pour leurs produits est tel, qu'ils n'hésitent pas à payer des taxes de 1 fr. le kilo pour leur charcuterie, ou de 0 fr. 50 pour des jambons venant garnis de cancrelats.

Les Philippines importent d'excellents cigares ; il est regrettable que leurs confitures de papayes et de goyaves, si hygiéniques dans les maladies intestinales, ne soient pas plus connues en Cochinchine.

En exportation, outre les riz, le coprah, le ricin, les sorties notables sont les buffles, dirigés sur Manille, et les éléphants sur la Birmanie.

## IX. — Les vins en Indochine.
## Les alcools de fruits.

### 1. Vins.

Pendant de longues années notre colonie d'Extrême-Orient restera notre tributaire pour les vins, article de première nécessité pour la santé de l'Européen. Lorsque des règlements protecteurs auront paru, qui viendront sauver les régions du sud des ravages des insectes, nous verrons paraître du raisin de table indigène qui viendra remplacer celui des serres de Hong-Kong ou du Japon.

Il est bon de signaler la concurrence que fait à nos vins le commerce chinois ; tout d'abord les vins français livrés aux subsistances militaires et refusés par les commissions, vendus aux enchères et achetés par les Chinois, qui les débitent à nos soldats en ville.

Viennent ensuite les vins de qualité inférieure, vendus par nos grands négociants français, avec une étiquette à leur nom, à des épiciers chinois des provinces, débités à raison de 30 cents. la bouteille pour le vin rouge et 40 cents. pour le blanc.

Enfin, d'ignobles mixtures confectionnées avec des

vins de rebut, des coquilles de mangoustans, provoquant des douleurs d'intestin.

Ce dernier vin est vendu à 22 ou 24 cents. (environ 0 fr. 60) la bouteille de 70 centilitres et encore la bouteille n'est-elle pas remplie.

On se demande souvent si les Chinois ne sont pas de connivence avec les distillateurs, pour dégoûter l'indigène de l'amour du vin dont sont friands les Annamites du sud et les Cambodgiens.

Les vins de France ne sont pas les seuls importés en Indochine; le Champagne étant prisé par les Chinois, il a semblé bon à nos snobs d'adopter un vin étranger coûteux, avec l'invasion des tâcherons italiens pour la voie ferrée du Yunnan, on a pris goût au Chianti et à l'Asti.

Antérieurement, on allait déguster chez ces braves missionnaires le vin de messe (*viño de mesa,* vin de table), qui importé comme article de culte était exempt de droits. Ce Moscatel, titrant 18°, aurait dû payer 45 francs par hectolitre de douane, et 6 francs de régie. M. Doumer et ses vassaux n'ont eu cure de supprimer ce privilège, qui n'a cessé qu'avec la loi de séparation.

### 2. **Alcools de fruits.**

Les règlements interdisant la fabrication de tout alcool autre que celui de riz, on se trouve dans l'obligation de laisser pourrir les bananes, ananas ou mangues que les fourmis rouges peuvent avoir épargné ou que les indigènes n'ont pas cueilli avant la maturité.

Chez tout indigène aisé, notable ou fonctionnaire, on rencontre l'absinthe de marques françaises à côté du cognac. Le reste de la population a comme boisson de luxe le vin de Chine, alcool de 36 à 65°.

Au Tonkin, cependant, on fabrique des alcools de nénuphar et de camomille.


# X. — **Les chemins de fer en Indochine.**

Si le régime fiscal en Indochine est vexatoire pour les indigènes, du moins a-t-on par un grand nombre de routes favorisé les communications. Les nombreux canaux existant ont été utilisés pour des transports par chaloupes. Sur d'autres points on a construit des voies ferrées.

Les projets de M. Doumer étaient très beaux, mais il s'est contenté de les présenter pour faire voter un emprunt de 200 millions, sans en activer la réalisation. Le grand autocrate de l'Indochine, celui qu'on a surnommé Paul Ier, a tourné ses vues vers la Chine ; deux lignes ferrées : celles du Yunnan et celle du Quang-Si ; la première va être achevée. Très prévoyant, l'ex-député de Laon nomma le titulaire de la gare terminus à Yunnansen ; ce fonctionnaire va donc pouvoir s'occuper effectivement et ne plus être jalousé par ceux qu'une sinécure de 10.000 francs par an rendait ambitieux. Pour éviter des complications avec les puissances, il a fallu concéder la ligne de Yunnan à une compagnie étrangère, dirigée par un italien, M. le Comte Vitalis ; nombre de Grecs et d'Italiens sont venus entreprendre les travaux ; les Italiens sont même venus en si grand nombre et si mal recrutés, que dès leur arrivée au Tonkin beaucoup ne voulurent plus des conditions acceptées à leur embarquement ; on en expédia quelques-uns au consul italien de Hong-Kong, qui a refusé de les rapatrier ; ce soin incomba au gouvernement français, après que ces grévistes d'un genre spécial eussent été hébergés aux frais des municipalités de Hanoï et Haïphong.

Il est heureux que la compagnie étrangère du Yunnan n'ait pas eu la fantaisie de nommer ces Italiens chefs de gare sur son réseau et qu'elle ait accepté des chefs de gare indigènes, mais il faut espérer que lorsque le réseau français Haïphong-Hanoï-Laokay, soit 399 kilomètres, retombera entre les mains du protectorat français, les titulaires des grandes gares seront des français et non des indigènes.

La ligne du Quang-Si, qui devait être exécutée par une compagnie française ou franco-belge, n'a pu être exécutée en raison des menées des ingénieurs anglo-allemands. L'ingénieur délégué du gouvernement français a dû s'immobiliser à la frontière.

L'Indochine méridionale a été délaissée ; l'illustre vice-roi a sans doute compté sur le député de Cochinchine ; toutefois il aurait dû être reconnaissant au pays auteur de sa fortune et au Parlement, conseiller à son collègue, versé dans la question des chemins de fer d'Ethiopie et autres, de penser un peu à la Cochinchine, en demandant que la ligne Saïgon-Mytho (71 km.), fût prolongée vers le Siam, qu'elle atteignit Bangkok. C'eût été d'autant plus aisé que le gouvernement anglais a obtenu sans peine toute la région siamoise nécessaire à sa ligne Malaisie-Birmanie-Yunnan. Mais on a pensé que les trois provinces cambodgiennes rétrocédées avaient dû nous satisfaire.

Pendant ce temps, le gouvernement siamois, merveilleusement guidé, ne cesse de pousser au nord son réseau ferré. Aussi M. Klobukowski a-t-il songé à faire exécuter une ligne allant du *Golfe du Tonkin au Mékong*, de Quangtri (Annam) à Savannakhet (Laos). Cette ligne, d'environ 300 kilomètres, venant rejoindre celle de Quangtri à Tourane, déjà existante, c'est toute une révolution dans l'Indochine, au Siam comme dans notre colonie. Sur le parcours, c'est la création, sur la route déjà existante, de nombreux villages que l'on pourra établir et peupler avec un bon nombre d'apaches saïgonais, qui seraient mieux utilisés dans l'élargissement de cette route et à la pose de la voie. C'est une formidable extension donnée au port de Tourane, où viendraient désormais les navires de Hong-Kong, transportant des marchandises à destination du Haut-Laos, du Laos siamois, navires qui jusqu'à présent effectuent leurs transports par Bangkok. Il en résulterait par les droits de transit une ressource importante pour le Trésor. Savannakhet, devenu grand port du Mékong, serait le centre de rayonnement de l'activité française dans le Laos français et le Laos siamois. Le commerce français s'y développerait prodigieusement, portant sur les deux rives du Mékong, dans la région laotienne, les produits de notre industrie, qui n'auraient plus à souffrir sur la rive française de la concurrence des articles de pacotille qu'y apportaient les barques siamoises. La société française qui a entrepris la création d'un comptoir national à Lakhône trouverait la juste récompense de ses efforts, n'ayant qu'à naviguer dans une région sûre.

Une autre ligne s'impose également et n'a pas été oubliée par M. le Gouverneur Général, celle du Lang Bian, de Phanrang sur la côte, à Dalat par Xomgon, 106 kilomètres. Le plateau du Lang Bian, situé au sommet des régions fertiles des provinces de Binh Thuan, Khanhkoa et Darlac, jouit des avantages d'un climat tempéré ; on y rencontre les mêmes fruits qu'en France et si le grand projet élaboré par l'administrateur du territoire de Dalat, M. Champoudry, ancien président du Conseil Municipal de Paris — projet consistant en la création d'un petit Paris indochinois — est appuyé par les colons de la région, si MM. Pérignon de Barthélemy, de Pourtalès, de Lafoulette, de Piolant, de Houdetot veulent bien avec MM. Ducreux, Boujard, Bournel, Jannorat, Lefèbre, Schein, Zallecki et bien d'autres, joindre leurs efforts à ceux du sympathique conseiller du XIV<sup>e</sup>, la cause sera gagnée ; s'il fallait un appel à la capitale, M. Brieux ne serait pas sans faire entendre un éloquent plaidoyer en sa faveur. Que l'on pousse activement la construction de la ligne Muong-Man près Phantiet à Nhatrang, soit 233 km., dont l'embranchement de Dalat se détacherait à Phanrang (130 km. de Muong-Man), et dans deux ans nous verrions des Parisiens excursionner dans ces merveilleuses régions, des bois à la mer, du Lang Bian à Nhatrang, à la baie de Camranh.

Le réseau des voies ferrées de l'Indochine se composait en janvier 1910 de :

1° La ligne Saïgon-Mytho (71 km.)

2° Les lignes du protectorat, tronçons du transindochinois d'un développement d'environ 860 km., se décomposant ainsi :
*Sud Annam :* Saïgon-Bienhoa-Phantiêt (190 km.) — *Annam central :* Tourane-Hué-Quang Tri-Dongha (175 kilomètres). — *Nord Annam Tonkin :* Vinh-Thanhhoa-Nenhbenh-Namdinh-Phuly-Hanoï (327 km.) et Hanoï-Bacninh - Phulangthuong - Nacham (Porte de Chine), (168 km.)

3° La partie indochinoise de la ligne du Yunnan : Haïphong-Haiduong-Hanoï-Viëtri-Yenbay-Laokay (399 kilomètres.)
Cette dernière ligne emprunte les voies du protectorat pour le raccordement Gialam-Hanoï sur 6 km., et en outre 5 km. de Gialam à Yenviên sur la ligne de Langson.

Les autres lignes à l'étude, ou en voie d'exécution, sont :

1° En Cochinchine celle de Mytho-Cantho (85 km.)

2° En Annam le prolongement de la première section du Transindochinois de Muong Man, près Phantiêt à Binhdinh et dont nous donnons en même temps que les principales gares leur distance de Saïgon : Songluys (221,5 km.); Phanrang-Tourcham (320); Balap, Suoi Da Bangoi (364); Suoi Muôn, Hoa-Tan-du, Suoi Giao, Nhatrang (408,4); Binh-Dinh (634). La section Binh Dinh à Hué, d'environ 370 km., rencontrant quelques difficultés, il est possible qu'une variante par le Laos soit établie, c'est-à-dire une ligne allant de Quinhone à Binhdinh sur Attopeu et rejoignant à Savannakhel la ligne laotienne de Quangtri.

## 2. **Tramways.**

Alors que le Tonkin est bien partagé avec ses lignes Camgiang-Phuninhgiang (36 km.), de Sontay à Hanoï, de Dapcau, Bacninh, Phu-Tu-Son (18 km.), la Cochinchine est moins avantagée, n'ayant que les lignes de Saïgon Cholon (rue Haute) : 6 km., et Cholon Saïgon Tandinh Giadinh Hocmon : environ 30 km. A cette dernière viendra bientôt se joindre un embranchement sur Lai Tieu et ultérieurement tout un réseau de tramways électriques.

Les directeurs de nos *tortillards* régionaux feraient bien de se renseigner en Indochine sur les résultats de l'application des tarifs modiques. Qu'ils imitent l'exemple de la colonie, et en fin d'année ils verront leurs recettes doubler pour le moins.

## 3. **Lignes industrielles.**

Au Tonkin, celle des charbonnages de Hongay qu'il aurait intérêt à voir prolonger sur Haïphong par Quang Yen et Nui Deo, ce qui permettrait d'excursionner en baie d'Along.

En Annam, celle des Houillères et Docks de Tourane à Faifoo (40 km.), cédée au protectorat pour l'amorce du sud de la section Annam central du transindochinois.

# XI. — Monopoles et semi-monopoles.

## 1. Banques.

L'Indochine a une Banque d'Etat dite Banque de l'Indochine, qui reçoit les fonds en dépôt à zéro pour cent, et prête aux villages à 11 et 12. Il faut passer par l'intermédiaire de cette Banque pour toute opération financière. Dans l'intérêt du public il serait désirable que ce privilège cessât, que les établissements français de crédit qui ont des succursales en Asie, à Jérusalem, voulussent bien étendre leur influence en Indochine, sinon le fameux privilège ne sera qu'un leurre pour la France, celui qui voudra participer à une opération pourra s'adresser à une banque étrangère ayant des succursales en Indochine : la Hong-Kong Sanghai ou la Chartered-Bank, donnant 4 p. % l'an. La Banque de l'Indochine a bien des succursales en Orient et au delà, à Singapour, Shanghai, Nouméa, mais l'escompte de 10 p. % minimum sur les billets, est préjudiciable. Soldats et marins revenant de Shanghai en ont fait l'expérience en touchant à la banque de Saïgon 4 p. 50 pour un billet de 5 piastres de la succursale de Shanghai.

## 2. Messageries Maritimes.

Malgré les progrès accomplis sur d'autres lignes, celle-ci reste stationnaire, 13 miles ½ à l'heure, 24 jours de Saïgon à Marseille, tout le confortable pour la première classe. Le socialisme est pratiqué sur les deuxièmes, dont les passagers côtoient les domestiques des voyageurs de première. Loin de marcher de l'avant, la compagnie fait des économies sur le nombre des repas accessoires.

## 3. Messageries fluviales.

Fondées à une époque où les déplacements étaient difficiles, ces compagnies n'ont pas su se moderniser, réduire leurs tarifs, aussi lorsqu'un voyage est entrepris hors des services administratifs, c'est-à-dire sans réquisition, on a tout avantage à utiliser les chaloupes chinoises.

### 4. **Distilleries françaises.**

M. le Gouverneur Klobukowski n'a pas craint de s'élever contre ces dernières, la population indigène lui en sera reconnaissante malgré les cris de fureur qu'exhale une presse intéressée. Depuis longtemps les autorités provinciales réclamaient, préférant acquitter une redevance annuelle et jouir de leur liberté pour la fabrication.

### 5. **Théâtre.**

Il est fort probable que l'année 1910 ne verra pas se renouveler certains contrats, gros de désillusions pour les artistes, le public, et les autorités. N'a-t-on pas vu un directeur faire un procès au Maire parce que le jour de représentation certains établissements de cinéma étaient ouverts. Les artistes de leur côté sont désabusés, car en compensation de leur labeur incessant : représentations ou répétitions, leur vie est loin d'être l'Eden paradisiaque espéré au départ. Il y aurait beaucoup à dire sur le refroidissement progressif de l'enthousiasme dont sont victimes certains directeurs par la faute d'un personnel qui oublie que l'artiste enrôlée ne doit *chanter* que sur scène et non ailleurs, à moins d'amener la perte de sentiments de galanterie trop souvent escomptés.

# XII. — Epargne française.

### 1. **Stabilisation de la piastre.**

Si l'on admet la possibilité de quelques économies, il faut reconnaître que le placement en est difficile.

La Banque de l'Indochine, banque d'Etat, donne o p. %. Ceux qui en douteraient n'ont qu'à consulter l'*Annuaire général de l'Indochine* au chapitre « Commerce et Agriculture ». Les banques étrangères donnent 4 p. % l'an. Les chettys, malabars anglais, prêteurs d'argent, offrent 1 ½ p. % par mois.

Il existe une caisse d'épargne en Cochinchine, mais pas au Tonkin, où cependant la poste accepte des versements sur livrets remboursables en France. Le seul moyen de s'assurer quelques revenus accessoires est donc de s'adresser aux asiatiques, soit aux Malabars anglais, dont la solvabilité n'est pas toujours garantie, soit aux Chinois. Le fonctionnaire n'étant pas assuré de rester dans un poste, se risque rarement à confier des fonds aux indigènes, en raison des difficultés en cas de départ : transfert de créances ou autres.

L'objection à l'établissement de la Caisse d'Epargne au Tonkin est que la piastre varie sans cesse ; elle valait 2 fr. en 1902-1903, au moment de l'Exposition d'Hanoï, à l'époque où se produisit un grand mouvement d'immigration française ; après avoir atteint 2 fr. 85 dans l'hiver 1906-1907, elle varie actuellement entre 2 fr. 30 et 2 fr. 40. C'est surtout dans les mois de décembre et janvier, aux approches du nouvel an, que les fluctuations sont le plus nombreuses ; on enregistre souvent un changement de taux de 5 ou 10 centimes en plus ou en moins du dernier cours.

Deux moyens peuvent être employés pour remédier à cette objection :

1° **La stabilisation de la piastre.** — A Singapour elle est à 2 fr. 94 ; si le gouvernement français voulait simplifier la paperasse, il pourrait fixer le taux à 2 fr. 50, le calcul serait d'autant plus simple.

2° **Emploi du numéraire en or.** — En attendant que la première mesure fût adoptée, celui qui voudrait prendre un livret d'épargne *colonial* pourrait effectuer ses versements en or ou billets de banque de France, avec préavis de remboursement.

Point n'est besoin de faire valoir l'agiotage dans la colonie ; il peut tout aussi bien s'effectuer de France. Une spéculation, peut-être existante, consisterait à envoyer en Indochine une certaine somme, supposons 1000 francs en hiver, lorsque la piastre est basse, par exemple à 2 fr. 20 : le correspondant recevrait 454 piastres 54 cents. Si à son tour, huit mois après il retourne cette même somme de piastres à 2 fr. 45, le premier envoyeur encaisse 1113 fr. 63 ; soit, après déduction des frais, recommandation, timbres, etc., un beau billet de 100 francs ou un intérêt de 10 p. %, pour 10 mois, et ce bénéfice n'est calculé que sur un écart de 0 fr. 20 ; si le correspondant a toute latitude, il peut avoir après

3 ou 4 mois l'occasion d'un taux supérieur : 2 fr. 60 ou 2 fr. 65.

En laissant circuler l'or et les billets de banque français pour ces opérations, ce trafic ne se produirait plus ; et il n'y a pas à redouter que les Chinois n'accaparent les pièces pour en faire des bijoux, alors que l'or venant de Chine est meilleur marché et n'acquitte que le droit de 15 fr. par kilog.

Les juges remédient un peu à cette spéculation en témoignant une grande indulgence envers les domestiques qui soutirent les économies de leurs maîtres.

### 2. Où va l'argent ?

Très souvent aux jeux de l'amour ou du hasard.

Pour le premier, à la portée des célibataires, c'est sur le Japon qu'il se dirige ; l'Européen est sûr de trouver une distraction sans danger, la sécurité à tous les points de vue en même temps qu'une bonne éducation, pas de marchandage. C'est un peu cher, mais l'avantage est tel que le gouvernement a dû s'entendre avec l'empire du soleil levant pour obtenir la création d'établissements à prix réduits pour militaires.

Le colon ou fonctionnaire est sûr de son personnel s'il en confie la direction à une compagne nipponne ; les économies de celle-ci vont dans sa patrie. C'est quelques millions que l'amour français rapporte annuellement au Japon.

Quant au jeu, tous peuvent en user, surtout au Têt (nouvel an). C'est généralement chez les Chinois, dans les villes de province, que se réunissent Européens et notables indigènes pour se hasarder au bac-quan ; les profits du jeu vont grossir les caisses des banques chinoises de l'Empire, où elles se transforment en souscriptions pour les grands travaux, surtout les voies ferrées, éliminant ainsi les entreprises étrangères.

Il faut citer, pour mémoire, les loteries étrangères : Hambourg, Budapest, Hong-Kong, mieux goûtées des indigènes.

Les loteries françaises ont pris assez difficilement, sans doute en raison des sourdes menées, le produit étant destiné à la création d'œuvres de bienfaisance absolument laïque, aujourd'hui existantes, mais que le camp adverse cherche à détourner du but proposé.

# XIII. — **Justice et criminalité.**

Ainsi que le disait M. le Gouverneur Klobukowski, l'Indochine est plus sûre que Paris, et les pirates sont moins à redouter que les apaches. Evidemment trop souvent on enregistre l'assassinat d'un fonctionnaire exerçant la répression de la contrebande, des deuils viennent s'abattre sur des familles des mieux placées.

A qui en incombe la faute sinon à la magistrature, mais que deviendrait le monde de la justice et en approchant, s'il n'y avait plus de malfaiteurs ? En Indochine, comme à Paris, c'est la ressource des tribunaux avec les divorces et les affaires de mœurs : rapts, séductions, etc.

La Cochinchine a un pénitencier, Poulo Condore, vrai sanatorium, le condamné indigène sait qu'il n'y manquera de rien, qu'à un moment donné il pourra s'échapper et rejoindre la côte. On se raconte les exploits des camarades, on rêve d'être un nouveau héros. La plupart de ces malfaiteurs proviennent des villes, et sans qu'on s'en puisse douter, c'est chez les Européens qu'ils logent. Ces vagabonds indigènes sont tous en relations avec des domestiques ; ils trouvent dans les dépendances l'abri, gîte et nourriture, au besoin ils aident à quelques corvées, leur protecteur les fait passer pour un parent auprès du patron, qui est fort aise de voir accroître en apparence son personnel. La police ne saurait intervenir, elle sait qu'il y a des précédents fâcheux, que tel ou tel a été réprimandé pour avoir arrêté le boy du capitaine X, de M. l'inspecteur Y ou de M. Z. La plupart des domestiques sont affiliés à des sociétés secrètes anti-européennes.

Sur les routes, des agents indigènes cherchent à faire chanter leurs congénères non munis de cartes d'impôt.

S'agit-il d'une province de l'Ouest, le fonctionnaire n'a qu'à se tenir sur ses gardes vis-à-vis du poison, le serviteur Annamite ne manquant pas de faire retomber les soupçons sur les Cambodgiens experts, dit-il, dans les préparations toxiques.

Bien des choses peuvent être faites pour entraver le crime ; nous énumérerons : 1º la création de l'état civil pour le personnel des deux sexes ; 2º l'obligation pour tout Européen de fournir aux autorités le tableau de ses domestiques ; 3° la prohibition à tout domestique d'avoir plusieurs femmes, qui sont pour lui une matière commerciale ; 4° l'affichage des délits.

Ainsi on ne verrait plus des employés indigènes révoqués trouver un autre emploi dans une autre administration, à l'aide d'une seule substitution de noms.

Le livret d'identité pour domestiques devrait être généralisé, étendu. Les pénitenciers transférés en Afrique, à Djibouti.

Nous terminerons ce chapitre en extrayant de La Dépêche de Saïgon les lignes suivantes : « Avoir une ceinture, un turban de soie, des souliers, tel est son rêve, se promener dans certains quartiers, jouer, aller au théâtre, faire la noce, tel est son unique désir » (du serviteur indigène).

## XIV. — Les Missions.

Nous avons cité plus haut l'influence des Missions, il est nécessaire de montrer comment elle s'exerce au moment où l'aile gauche de l'exode française s'est portée sur la Malaisie et le Siam, tandis que l'aile droite s'est dirigée sur le Canada, où se poursuit la campagne contre l'esprit scientifique français. Il ne faut pas oublier que c'est déjà eux qui profitent de la campagne du Maroc par la voie espagnole, et que de la frontière de l'Est ils agitent la fibre patriotique catholique et romaine, rêvant de voir restaurer la foi qui rapporte, pour la seule Indochine, sept millions au Vatican chaque année par les Missions et la Sainte Enfance.

Si dans la région de la frontière siamoise cambodgienne les pères sont intraitables pour l'entourage des libre-penseurs, interdisant l'accès des villages sous peine de coups, en Indochine ils sont doucereux, bien accueillants, à condition que leurs intérêts ne soient pas lésés.

Celui que ses occupations retiennent en ville et qui a des biens à l'intérieur, peut leur en confier la gérance, on lui trouvera facilement des coolies, à son passage au chef-lieu de la Mission il aura une hospitalité écossaise assurée.

Les temps sont plus durs ; depuis avril 1905 il n'y a

plus la franchise de douane pour les vins fins et huiles d'Espagne, les ornements d'église venant d'Allemagne et non de St-Sulpice, le chocolat, les chaussures, etc., exemptés auparavant comme objets du culte. Le client de la Mission donne en échange sa coopération aux diverses organisations laïques des moines : Associations de la jeunesse, patronages.

Si dans un village les autorités ont un billet rongé aux angles par les rats, le billet sera refusé par le Trésorier percepteur, mais le père saura obtenir satisfaction directe de la Banque d'Etat, ce qui relèvera le prestige de la foi chez les notables.

A ceux qui crieraient à l'intolérance, nous rappellerons le cas récent du Général Piel qui, témoin dans un mariage religieux à la cathédrale d'Hanoï, se vit interdire l'entrée du chœur, parce que protestant, par le curé Lecornu, ancien aumonier.

Par contre certains prêtres ont le courage de mettre à la raison les sœurs, qui employées dans des cliniques, conseillent aux veuves de donner à leurs maris défunts, d'esprit laïque, des obsèques religieuses.

Le Tonkin est encore encombré de moines espagnols, et les républicains d'Indochine seraient heureux de voir ces hommes de l'obscurantisme rejoindre les exécuteurs de Rizal et de Francisco Ferrer.

Souvenons-nous qu'aux confins de sa province, dans la région Kha, M. Camille Paris, colon estimé du Binhdinh en Annam, fut trouvé mystérieusement assassiné, était-ce la vengeance divine pour avoir publié, avec M. Barsanti, *Les Missionnaires d'Asie ?*

Il est regrettable pour eux que Jeanne-d'Arc n'ait pas eu pitié et que sa statue se soit effondrée à la fête inaugurale devant la cathédrale de Saïgon.

## XV. — Ressources budgétaires.

Au moment où les régimes religieux, militaires et fiscaux sont abattus ainsi que leurs auteurs, il sera permis de voir sur quelle base on pourrait établir des taxes qui ne constitueraient pas des impôts nouveaux.

**Tabac.** — La perception des droits calculés sur la quantité récoltée est bien compliquée, elle laisse échapper beaucoup d'argent qui rentrerait en entier si l'impôt était perçu par pied avec redevance proportionnelle au village. Le secrétaire de la mairie serait le premier auxiliaire du receveur, ce ne serait pas une innovation, puisqu'il existe à la commune et à la recette semblable registre pour les poivrières.

**Femmes de service et marchandes.** — Il n'y aurait guère d'Européens pour protester contre l'application de cette taxe qui, par la production de la carte d'impôt (existant pour les boys), leur ferait connaître le lieu de naissance de leur employée et il est naturel que celle qui exerce un commerce soit soumise aux mêmes obligations que les hommes.

**Marchés en régie.** — Nous avons déjà expliqué tous les avantages qu'aurait le Trésor à cette régie directe.

**Jeux.** — Beaucoup ont préconisé l'installation du jeu officiel qui présentement n'est que toléré ; cette mesure exigerait l'interdiction du jeu aux domestiques des deux sexes, si l'on ne veut accroître les vols si nombreux.

**Trésor communal.** — De temps à autre on apprend qu'un coffre-fort a été enlevé, trouvé vide dans un champ. On remédierait aisément en obligeant la commune ou le canton à fournir des hommes de garde, lorsqu'un receveur s'absente. On pourrait dans bien des cas placer un coffre central à la maison communale.

**Remises d'amendes.** — Il n'y a qu'à consulter le Journal Officiel de l'Indochine pour se rendre compte du chiffre fantastique auquel atteint le montant des amendes remises. Point n'est besoin de stipuler autant de clauses qui restent lettres mortes. Trop de papier. Ne pourrait-on également condenser les *avis d'examens.*

**Colonisation.** — Puisqu'il parait nécessaire de réduire le personnel, un moyen très pratique serait la délivrance immédiate ou partielle du compte d'assistance à celui qui voudrait se lancer dans cette voie.

# CONCLUSIONS

Voilà exposées sommairement les impressions d'Indochine que nous soumettons à l'attention de nos amis, qui nous ont demandé à connaître mieux encore notre colonie d'Extrême-Orient, témoignant par là de l'intérêt que Paris, foyer de la France, porte à ses compatriotes éloignés.

Nous les remercions de la confiance dont ils nous ont honoré, et conseillons à ceux que les diverses questions traitées intéresseraient de compulser les diverses publications locales, de toutes nuances ; ils verront que nous n'avons rien exagéré.

Puissent tous nos compatriotes d'Orient cesser leurs rivalités sur des questions plutôt d'ordre intime, que dans chaque province ils se groupent chaque mois autour de la table de la Bibliothèque régionale de fondation récente. Au fur et à mesure, les notables indigènes viendront joindre leur obole.

Il y a de nombreux débouchés pour ceux qui voudront se consacrer à l'agriculture et à l'industrie minière ou mécanique, profitons en avant l'Allemagne ou le Japon.

Si bien des régions ont une population dense, notons que l'île de Phu Quoc, grande comme la Martinique, ne compte que 4000 habitants.

Que la justice soit inflexible pour les malandrins, mais que les fils de nos colons des villes cessent de traiter en manants, de rudoyer l'indigène honnête, l'artisan allant au travail, sous crainte de voir un petit 93 répondre à leurs manières seigneuriales.

Des personnes de notoriété telles que M. Brieux de l'Académie, qui fait sa seconde patrie de l'Indochine, M. Ajalbert de la presse parisienne et des anciens administrateurs réputés, ont fait connaître l'Indochine, des romanciers tels que M\u1d50\u1d49 Myriam Harris ont pénétré la vie intime.

C'est à nos compatriotes, durant leur séjour, à contribuer par l'économie sur leurs fastes, par l'entente dans les amicales de régions à faire aboutir l'idée préconisée par le précédent gouverneur, M. Beau, de la création de maisons coloniales de séjour en France, le concours officiel leur est assuré. Que tous nos efforts tendent vers le triomphe des idées de la Mère-Patrie et du Progrès. Tel est notre vœu.

# Provinces de l'Indochine.

## Distances kilométriques.

Ce qui est en petit caractère indique les races autres que l'annamite. — Les anciens noms de province sont entre paranthèses.
Les noms en italique sont ceux des chef-lieux de provinces.

### TONKIN, 15.000.000 hab.

| De Hanoï | |
|---|---|
|  | *Hanoï* |
| 102 | *Haïphong* |
| 49 | Bacgiang, *Phulangthuong* |
| 29 | Bacninh |
|  | Hadong (Caudo') |
| 57 | Haïduong |
| 56 | Hanam, *Phuly* |
| 61 | Hungyên, aux Hollandais au XVIIIe siècle) |
| 107 | Kiênân (Phulien) |
| 87 | Namdinh |
| 114 | Ninhbinh |
| 40 | Phucyên |
| 88 | Phutho (Hunghoa) |
| 146 | Quangyên |
| 40 | Sontay |
| 100 | Thaïbinh |
| 54 | Vinhyên |

#### HAUT-TONKIN

| De Hanoï | |
|---|---|
| 322 | Haïninh, *Moncay*, mans |
| 68 | Thaïnguyên, thos |
| 156 | Backan |
| 170 | Tuyênquang } mans, thos |
| 282 | Caobang |
| 80 | Hoabinh (Chobo), mans, thaïs, méos |
| 149 | Langson, mans, nungs, thos |
| 310 | Sonla (Vanbu), thaïs, méos, xas |
| 156 | Yênbay } thos, mans |
| 348 | Hagiang-Baolac } méos |
| 297 | Laokay, thos, mans, méos, thaïs, lolos, yaos |

### ANNAM, 4.500.000 hab.

| De Hué | |
|---|---|
| Nord | |
| 450 | Thanhhoa, thuongs, laotiens |
| 373 | Nghéân, *Vinh* |
| 323 | Hatinh |
| 180 | Quangbinh, *Donghoï* |
| 56 | Quangtri, Kha-lus |
|  | Thuathiên, *Huè* |
| Sud | |
| 107 | Tourane, à la France en 1787 |
| 135 | Quangnam, *Faifoo* |
| 233 | Quang ngaï, moïs |
| 395 | Binhdinh, *Quinhone* |
| 477 | Phuyên, *Songcau* |
| 617 | Khanhhoa, *Nhatrang*, moïs |
| 721 | Ninhthuan, *Phanrang* } chams, moïs |
| 864 | Binhthuân, *Phanthiet* } moïs |
|  | Darlac, *Banmethuot*, moïs, khas |
|  | 180 km. de Ninhoa (Khankhoa) |
|  | Pleikemderr, *Pleitaï*, khas 220 km. de Quinhone |

### COCHINCHINE 3.000.000 hab.

| De Saïgon | |
|---|---|
|  | *Saïgon* |
| 97 | Baria, moïs |
| 92 | Bentré |
| 25 | Bienhoa, cambodgiens, moïs |
| 220 | Chaudoc (Angiang), cambodgiens, malais |
| 6 | Cholon |
| 1 | Giadinh |
| 56 | Gocong |
| 72 | Mytho |
| 132 | Sadec |
| 47 | Tanan |
| 29 | Thudaumot, cambodgiens, moïs, laotiens |
| 120 | Vinhlong |
| N.-0. | |
| 261 | Baclieu |
| 152 | Canthö |
| 324 | Hatiên |
| 182 | Longxuyên } cambodgiens |
| 242 | Rachgia |
| 206 | Soctrang |
| 102 | Tayninh |
| 134 | Travinh |
|  | Poulocondore, île occupée par les Anglais en 1702 |

### CAMBODGE 1.300.000 hab.

| De Phnompenh | |
|---|---|
|  | *Phnompenh*, 342 km. de Saïgon |
|  | Kandal-Kompongspeu |
| 243 | Kampot |
| 85 | Takéo |
| 100 | Kompongcham } malais |
| 101 | Kompongchhnang |
| 216 | Kratié |
| 210 | Kompongthom |
| 50 | Preyveng |
| 160 | Pursat |
| 338 | Stungtreng, laotiens |
| 129 | Soairieng |
| 307 | Battambang } siamois |
| 375 | Sisophon |
| 300 | Siemreap |

### LAOS, 550.000 hab.

(Laotions, khas, thaïs, yaos (mans), méos, hos, etc.

Vientiane, chef-lieu
Attopeu
Bassac, *Paksé*
Cammon, *Pakhinbonn*, 540 km. de Khong
Khong
Luangprabang-Paklay
Muonghou, 340 km. de Luang-prabang
Haut-Mékong, *Banhoueisai*
Samneua (Houaphans)
Saravane, 270 km. de Khong
Savannakhet, 400 km.
Tranninh, *Xienkhouang*, 350 km. de Vinh (Annam)